23 décembre 1873

VENTE

CARRIER-BELLEUSE

HOTEL DROUOT, SALLE N° 8

Le Mardi 23 Décembre 1873

Exemplaire de Barre

Me CHARLES OUDART
COMMISSAIRE-PRISEUR

M. ÉMILE BARRE
EXPERT

CONDITIONS DE LA VENTE.

Elle sera faite au comptant.

Les acquéreurs payeront *cinq centimes par franc*, en sus des enchères, applicables aux frais.

CATALOGUE

DES

MARBRES

ET

TERRES CUITES

OEUVRES DE

CARRIER-BELLEUSE

DONT LA VENTE AURA LIEU

HOTEL DROUOT, SALLE N° 8

Le Mardi 23 Décembre 1873

A DEUX HEURES ET DEMIE

COMMISSAIRE-PRISEUR	EXPERT
Me CHARLES OUDART	M. ÉMILE BARRE
31, rue Le Peletier	20, Chaussée-d'Antin

Chez lesquels se trouve le présent Catalogue

EXPOSITIONS

PARTICULIÈRE	PUBLIQUE
Le Dimanche 21 Décembre 1873	Le Lundi 22 Décembre 1873

DE 1 HEURE 1/2 A 5 HEURES 1/2

DÉSIGNATION

MARBRES

GROUPES

1. — Les Deux Amours.

Hauteur : 0m,80.

2. — La Confidence.

Hauteur : 0m,75.

3. — L'Innocence tourmentée.

(Marbre crostola).

Hauteur : 0m,60.

4. — L'Innocence tourmentée.

(Marbre de Saravezza).

Hauteur : 0m,60.

5. — L'Amour désarmé.

Hauteur : 0m,80.

6. — L'Enlèvement.

Hauteur : 0m,80.

7. — Le Baiser d'amour.

Hauteur : 0m,65.

8. — La Nuit.

Hauteur : 1m.

9. — La Nuit.

Hauteur : 1m.

STATUETTES

10. — Amazone.

Hauteur : 1m.

11. — Le Matin.

Hauteur : 1m.

12. — Psyché.

Hauteur : 0m,60.

13. — Angélique.

Hauteur : 0m,80.

14. — Bonne Saison.

Hauteur : 0m,60.

15. — Enfant supportant un vase.

Hauteur : 0m,50.

16. — Le pendant.

Hauteur : 0m,50.

17. — Marie-Antoinette.

Hauteur : 0m,80.

BUSTES

18. — Printemps.

Hauteur : 0^m,60.

19. — Automne

Hauteur : 0^m,60.

20. — Le Lys.

Hauteur : 0^m,50.

21. — Souvenirs.

Hauteur : 0^m,65.

22. — Regrets.

Hauteur : 0^m,65.

23. — Michel-Ange.

Hauteur : 0^m,70.

24. — Margaretta.

Hauteur : 0^m,80.

25. — Margaretta.

Hauteur : 0^m,80.

26. — Souvenirs.

Hauteur : 0^m,65.

27. — Regrets.

Hauteur : 0^m,65.

*

28. — Rose de mai.

Hauteur : 0m,80

29. — Rose de mai.

Hauteur : 0m,80.

30. — Raphaël.

Hauteur : 0m,70.

31. — Rembrandt.

Hauteur : 0m,60.

32. — Albert Dürer.

Hauteur : 0m,60.

TERRES CUITES

GROUPES

33. — La Confidence.

34. — Danseur italien.

35. — Offrande à Bacchus.

36. — La Bacchante aux thermes.

37. — La Tempérance.

38. — L'Amour désarmé.

39. — Les Deux Amours.

40. — L'Éducation du faune.

41. — Bacchanale.

42. — Les Heures (Pendule).

43. — Les Heures (Corbeille).

44. — L'Enlèvement.

45. — Triton et Bacchante.

46. — L'Innocence tourmentée par les désirs.

STATUETTES

47. — Le Printemps.

48. — Nourrice italienne.

49. — Berger italien.

50. — Hygia.

51. — Amazone.

52. — Ondine.

53. — Angélique.

54. — Enfant supportant un vase.

55. — Enfant supportant un vase.

BUSTES

(ORIGINAUX)

56. — La Fiancée de village.

57. — Boutons de roses.

58. — Le Muguet.

59. — Fleurs des champs.

60. — Pâquerettes.

61. — La Moisson.

62. — Érigone.

63. — Bacchante.

64. — Retour du printemps.

65. — Gretchen.

66. — Lilas.

67. — Roses du Roy.

68. — Boule de neige.

69. — Carmena.

70. — Pivoines.

71. — La Promise.

72. — Fleur de mai.

73. — Jeunesse.

74. — Fleur des haies.

75. — Marquise aux rubans.

76. — Fête au village.

77. — Innocence.

78. — L'Alsace.

79. — Marguerite aux bijoux.

80. — Poésie couronnée de lierres.

81. — Bella Rosa.

82. — Flora.

83. — Ondine aux roseaux.

84. — Printemps, Clodion.

85. — Grande-Duchesse.

BUSTES HISTORIQUES

86. — Le Dante.

87. — Virgile.

88. — Rembrandt.

89. — Albert Dürer.

90. — Rubens.

91. — Murillo.

92. — Velasquez.

93. — Van Ostade.

94. — Michel-Ange.

95. — Raphaël.

96. — Marie-Antoinette.

97. — Princesse de Lamballe.

98. — Souvenirs.

99. — Regrets.

100. — Le Lys.

101. — Haydée.

102. — Marguerite.

103. — Rosa.

PARIS. — J. CLAYE, IMPRIMEUR, 7, RUE SAINT-BENOIT. — [2004]

www.ingramcontent.com/pod-product-compliance
Lightning Source LLC
LaVergne TN
LVHW010332230826
846091LV00009B/3831

* 9 7 8 2 3 2 9 5 2 8 0 7 6 *